HENRY DRUMMOND

Die Liebe aber ist die größte

VERLAG SCHULTE + GERTH, ASSLAR

ISBN 3-87739-612-7
Best.-Nr. 15612
1. Auflage April 1979
2. Auflage Juni 1979
3. Auflage Oktober 1979
4. Auflage 1980
5. Auflage 1981
Umschlaggestaltung: Gisela Scheer
Umschlagfoto: Mauritius
Satz: Druckhaus Jung, Wetzlar
Druck und Verarbeitung: Ebner Ulm
Printed in Germany

INHALT

EINFÜHRUNG

Während meines Englandaufenthalts nahm ich 1884 an einer Freizeit teil, die in einem Landhaus stattfand. Sonntagabends saßen wir am Kaminfeuer. Man fragte mich, ob ich nicht einen Bibelabschnitt lesen und für die Runde erklären wollte.

Da mich der Gottesdienst am Morgen sehr angestrengt hatte, bat ich, man sollte doch Henry Drummond fragen, der auch anwesend war.

Nach einigem Bitten zog dieser ein kleines Testament aus seiner Tasche, schlug 1. Korinther 13 auf und fing an, über „die Liebe" zu sprechen. Ich glaubte, nie etwas so Schönes gehört zu haben, und nahm mir vor, Herrn Drummond auf jeden Fall in meine Heimatstadt einzuladen.

Von da an richtete ich die Bitte an die Leiter meines theologischen Colleges, diese Kapitel doch jedes Jahr einmal vor den Studenten zu lesen und zu behandeln.

Der einzige und größte Mangel unseres Christenlebens ist „Liebe"! Mehr „Liebe" zu Gott und mehr „Liebe" zu den Menschen um uns herum.

Könnten wir uns nur alle dieses Kapitel der „Liebe" zu eigen machen und danach leben!

D.L. Moody

DAS HOHELIED DER LIEBE (1. Korinther 13)

Wenn ich mit Menschen- und Engelzungen rede, aber keine Liebe habe, so bin ich ein tönendes Erz oder eine klingende Schelle. Und wenn ich weissagen kann und alle Geheimnisse weiß und alle Erkenntnis habe, und wenn ich allen Glauben besitze, so daß ich Berge versetze, habe aber keine Liebe, so bin ich nichts. Und wenn ich alle meine Habe austeile und meinen Leib hergebe, damit ich verbrannt werde, habe aber keine Liebe, so nützt es mir nichts!

Die Liebe ist langmütig und gütig, die Liebe beneidet nicht, sie prahlt nicht, sie bläht sich nicht auf; sie ist nicht unanständig, sie sucht nicht das Ihre, sie läßt sich nicht erbittern, sie rechnet das Böse nicht zu; sie freut sich nicht über die Ungerechtigkeit, sie freut sich aber der Wahrheit; sie erträgt alles, sie glaubt alles, sie hofft alles, sie duldet alles.

Die Liebe hört nimmer auf, wo doch die Prophezeiungen ein Ende haben werden, das Zungenreden aufhören wird und die Erkenntnis aufgehoben werden soll. Denn wir erkennen stückweise und wir weissagen stückweise; wenn aber einmal das Vollkommene da ist, dann wird das Stückwerk abgetan. Als ich ein Kind war, redete ich wie ein Kind, dachte wie ein Kind und urteilte wie ein Kind; als ich aber ein

Mann wurde, tat ich ab, was kindisch war. Wir sehen jetzt durch einen Spiegel wie im Rätsel, dann aber von Angesicht zu Angesicht; jetzt erkenne ich stückweise, dann aber werde ich erkennen, gleichwie ich erkannt bin. Nun aber bleibt Glaube, Hoffnung, Liebe, diese drei; die größte aber von diesen ist die Liebe.

LIEBE — DAS GRÖSSTE IN DER WELT

Wofür lohnt es sich zu leben? Was ist der wertvollste Besitz? Seit Urzeiten haben sich die Menschen diese Frage gestellt, und die modernen Menschen in unserer so unsicher gewordenen Welt tun es immer noch.

Vielleicht hast du das Leben noch vor dir. Du kannst es nur einmal leben. Was ist das erstrebenswerteste Ziel, das wertvollste Geschenk, das man sich wünschen, und was die tiefste Erfüllung, nach der man sich sehnen kann?

In der religiösen Welt ist man daran gewöhnt, den Glauben als das Bedeutungsvollste und Wichtigste im Leben anzusehen. „Glaube" war jahrhundertelang das Schlüsselwort der protestantischen christlichen Lehre, und wir haben uns daran gewöhnt, den Glauben auch in dieser Bedeutung zu sehen. Doch damit gehen wir am Kern der Sache vorbei; wir liegen falsch. Im 13. Kapitel des 1. Korintherbriefes führt uns Paulus an die tiefste Quelle christlicher Lehre: Wir sehen, was das Größte ist — die Liebe.

Paulus ist nicht in einem persönlichen Vorurteil befangen, wie wir manchmal dazu neigen, unseren persönlichen Standort vor anderen besonders klarzulegen. Liebe war nicht gerade die starke Seite des

Paulus. Erst in seinem Alter schrieb der große Schriftgelehrte dieses Wort „die größte aber ist die Liebe“, nachdem diese Liebe in einem langen Leben in ihm immer mehr Gestalt gewonnen hatte. Als er uns zuerst begegnet, sind seine Hände voller Blut. Und der Korintherbrief enthält auch noch viele andere Aussagen außer dieser Betonung der Liebe.

Die Hauptaussagen des Neuen Testaments gehen allerdings in die gleiche Richtung. Petrus sagt: „Vor allem aber habet gegeneinander nachhaltige Liebe.“ Vor allem! Die Botschaft des Apostels Johannes gipfelt in der Feststellung: „Gott ist Liebe.“

Vielleicht erinnert das an die Bemerkung des Paulus: „Die Liebe ist des Gesetzes Erfüllung.“ Hast du jemals darüber nachgedacht, was das bedeutet?

In jenen Tagen erarbeiteten sich die Menschen den Weg zum Himmel durch das Einhalten der Zehn Gebote beziehungsweise der 110 Gebote, die sie sich darüber hinaus noch selbst auferlegt hatten. „Ich will euch einen schöneren Weg zeigen“, sagt Paulus. „Wenn ihr eins tut, dann werdet ihr die 110 anderen Gebote halten, ohne je darüber nachzudenken. Wenn ihr liebt, werdet ihr unbewußt das ganze Gesetz erfüllen.“

Die Richtigkeit dieser Aussage kann man selbst ziemlich leicht erkennen. Nehmen wir irgendeins der Gebote: „Du sollst keine andern Götter neben mir haben!“ Wenn jemand Gott wirklich liebt, braucht man ihm dies nicht zu sagen, denn „Liebe“ bedeutet die Erfüllung dieses Gebotes.

„Du sollst den Namen des Herrn, deines Gottes, nicht mißbrauchen!" Würde es einem Menschen in den Sinn kommen, den Namen Gottes unnütz zu gebrauchen, wenn er ihn liebt?

„Gedenke des Sabbattages, daß du ihn heiligest!" Muß es einen Menschen nicht glücklich machen, von sieben Tagen einen zu haben, an dem er sich in besonderer Weise diesem Gott hingeben kann, der der tiefste Grund seiner Liebe ist?

Liebe erfüllt also ganz selbstverständlich all die Gebote, die Gott betreffen.

Wenn ein Mensch seinen Nächsten liebt, braucht man ihm auch nicht zu sagen, daß er Vater und Mutter ehren soll. Er könnte sich einfach nicht anders verhalten.

Es würde auch sinnlos sein, ihm zu sagen, er solle nicht töten.

Man würde ihn beleidigen, wenn man ihn mahnte, nicht zu stehlen. Wie könnte er den bestehlen, den er liebt?

Es wäre überflüssig, einen solchen Menschen anzuflehen, kein falsches Zeugnis über seinen Nächsten weiterzugeben. Wenn er ihn liebt, wäre es das Letzte, was er tun würde.

Man würde ihm auch nicht nahelegen, sich nicht das zu wünschen, was seinem Nachbarn gehört. Er gönnt dem Nächsten den Besitz, auch wenn er selbst ihn entbehren muß.

Auf diese Weise erfüllt Liebe das Gesetz. Sie ist das Gebot, mit dem alle anderen Gebote erfüllt werden;

das „neue Gebot“, wie Jesus sagt, mit dem alle alten Gesetze erfüllt werden. Sie ist das große Geheimnis Christi und gleichzeitig das Geheimnis eines von Christus bestimmten Lebens.

Paulus hat es gelernt, ein solches Leben zu führen, und in dieser großen Lobrede hat er uns die beste und deutlichste Zusammenfassung der Aussagen über dieses „höchste Gut“, das „summum bonum“, gegeben.

Man kann das hohe Lied der Liebe, wie es uns im Korintherbrief begegnet, in drei Teile zerlegen: Am Anfang finden wir die Betonung des Gegensatzes zum Bösen, im zweiten Teil wird die Liebe in ihren einzelnen Erscheinungsformen dargestellt, und am Schluß wird eine Begründung dafür gegeben, warum sie das „summum bonum“ ist.

LIEBE IN DER GEGENÜBERSTELLUNG ZU ANDEREN BEGABUNGEN

Paulus beginnt dieses Kapitel, indem er die Liebe dem gegenüberstellt, was die Menschen in jenen Tagen besonders bewegte. Ich will diese Dinge nicht im einzelnen behandeln; ihr untergeordneter Wert liegt ohnedies auf der Hand.

Paulus stellt die Liebe zunächst der Fähigkeit gegenüber, gewinnend und überzeugend reden und sich geschickt und treffsicher ausdrücken zu können.

Die Redekunst ist eine großartige Gabe, Menschen zu erhabenen Zielen und heiligen Taten anzufeuern, sie ist aber auch ein Mittel, die eigene Macht dazu zu gebrauchen, mit dem Willen und den Seelen der Menschen zu spielen und sie für die eigenen Zwecke zu mißbrauchen.

Paulus sagt: „Wenn ich mit Menschen- und Engelzungen rede, aber keine Liebe habe, so bin ich ein tönendes Erz oder eine klingende Schelle." Wir alle wissen, warum. Wir alle haben schon harte, gefühllose Worte zu spüren bekommen, die zahllosen, nicht überzeugenden Worte eines auf uns eindringenden Redeschwalls ohne Liebe.

Paulus stellt die Liebe der Weissagung, dem Wort zur Lage aus biblischer Sicht, gegenüber. Er stellt sie der Mystik, der geheimnisvollen Versenkung, dem

Glauben und der sozialen Opferbereitschaft gegenüber.

Warum ist die Liebe größer als der Glaube? Weil das Ziel höher ist als der Weg. Warum ist Liebe größer als soziales Verhalten? Weil die Summe des Ganzen größer ist als ein Teil davon.

Liebe ist größer als der Glaube, weil das Ziel (Gott) größer ist als der Weg, der zu ihm hinführt (der Glaube). Was nützt es uns, wenn wir glauben, es sei denn, daß der Glaube das Mittel ist, unsere Seele mit Gott in Verbindung zu bringen?

Warum soll sich der Mensch mit Gott verbinden? Damit er Gott ähnlich werde. Aber Gott ist Liebe. Somit ist der Glaube das Mittel, die Liebe Gottes zu empfangen. Liebe ist also größer als Glaube.

„Und wenn ich allen Glauben besitze, so daß ich Berge versetze, habe aber keine Liebe, so bin ich nichts."

Liebe ist auch größer als soziales Verhalten, weil das Ganze größer ist als ein Teil davon. Soziales Verhalten ist nur ein kleiner Ausschnitt dessen, was Liebe ist, einer von vielen Wegen der Liebe. Vielleicht besteht sogar ein großer Teil unseres sozialen oder hilfreichen Verhaltens in einem Tun ohne Liebe.

Wie schnell hat man dem Bettler auf der Straße einen Groschen zugeworfen! Meist ist das sogar leichter, als ihm nichts zu geben. Manchmal steckt in der Zurückhaltung mehr Liebe. Unter Umständen erkaufen wir uns mit diesem Tun des Mitleids, das durch den Anblick des Elends wachgerufen wurde,

Befreiung von unserem Mitleid. Aber die Befreiung geht dann auf Kosten des Bettlers. Das ist zu billig — für uns und den Bettler. Wenn wir ihn wirklich liebten, würden wir entweder mehr oder gar nichts für ihn tun. Darum: „Wenn ich alle meine Habe austeile, habe aber keine Liebe, so nützt es mir nichts!"

Dann stellt Paulus die Liebe dem Martyrium gegenüber: „Wenn ich meinen Leib hergebe, damit ich verbrannt werde, habe aber keine Liebe, so nützt es mir nichts!"

Missionare können den Heiden nichts Größeres bringen als den Sieg der Liebe Gottes in ihrem eigenen Leben. Was von dieser Liebe ausstrahlt, wird überall verstanden. Man braucht viele Jahre, um chinesisch oder einen indischen Dialekt zu lernen, um sich dann in dem Land verständigen zu können, in dem diese Sprachen gesprochen werden. Die Sprache der Liebe wird meist schneller verstanden. Der Mensch missioniert, nicht seine Worte. Sein Tun übertönt seine Worte.

Im Herzen Afrikas traf ich Menschen, die sich nur an einen einzigen weißen Mann erinnerten, den sie bis dahin gesehen hatten: David Livingstone. Wenn man diese Spuren verfolgt, findet man Menschen, deren Gesichter zu leuchten anfangen, wenn sie von diesem liebenswürdigen Arzt sprechen, der viele Jahre vorher ihren Weg kreuzte. Sie konnten ihn nicht verstehen, aber sie empfanden seine Liebe, von der er bestimmt war, die ihn erfüllte. Sie erkannten diese Liebe, obwohl er nichts sagte.

Nimm an den Platz, an dem du dein Leben einsetzen willst, diesen Antrieb der Liebe mit, dann wird dein Lebenswerk Erfolg haben. Mehr brauchst du nicht — aber auch nicht weniger. Du kannst alles mögliche tun, du kannst zu jedem Opfer bereit sein; auch wenn du deinen Körper verbrennen läßt, aber keine Liebe dabei hast, wird es dir und der Sache Christi nichts nützen.

DIE ERSCHEINUNGSFORMEN DER LIEBE

Nachdem Paulus den Mißbrauch der Gaben (ohne die dazugehörige Liebe) hervorgehoben hat, gibt er nun in vier kurzen Versen eine erstaunliche Darstellung dessen, wie sich die Liebe im einzelnen äußert. Wie ein Wissenschaftler einen Lichtstrahl durch ein Kristallprisma fallen läßt und das weiße Licht plötzlich in einem breiten Farbspektrum wie ein Regenbogen erscheint, so fächert Paulus hier die Liebe auf, indem er mit seinem vom Geist Gottes erleuchteten Verstand ihre Wirkweisen in unserem Alltag untersucht. In diesen wenigen Worten finden wir das „Spektrum" der Liebe.

Erkennst du die einzelnen Bestandteile? Merkst du, daß sie ganz gewöhnliche Namen haben? Siehst du, daß es sich um Dinge handelt, die wir jeden Tag hören können, die wir jeden Tag üben können, jeder an dem Platz, an dem er steht? Erkennst du, daß in der Menge der unscheinbaren alltäglichen Dinge plötzlich das „summum bonum", das höchste Gut, Gestalt gewinnt?

Das sind nun die Auswirkungen der Liebe im einzelnen, das „Spektrum" der Liebe:

Geduld – Liebe, die lange leiden kann;

Freundlichkeit – Liebe, die Freude bewirkt;

Großzügigkeit – Liebe, die nicht neidisch ist;

Demut – Liebe, die nicht prahlt und sich heraushebt;

Anstand – Liebe, die sich nicht unverschämt benimmt;

Selbstlosigkeit – Liebe, die nicht den eigenen Vorteil sucht;

Gelassenheit – Liebe, die nicht gereizt ist;

Arglosigkeit – Liebe, die das Böse nicht anrechnet;

Aufrichtigkeit – Liebe, die sich der Ungerechtigkeit nicht freut, sondern mit der Wahrheit übereinstimmt.

Alle diese Auswirkungen zusammen genommen machen das „summum bonum" aus, die größte Gabe, die Gott uns Menschen anbietet.

Es wird erkennbar, daß diese Dinge zum großen Teil ihren Raum zwischen Mensch und Mitmensch haben und heute oder morgen zum Tragen kommen, also nicht für eine unbekannte Zukunft gedacht sind.

In unseren Gottesdiensten hören wir viel über die Liebe zu Gott. Jesus sprach viel über die Liebe zu den Menschen. Wir tun viel für den Frieden im Himmel; Christus tat viel für den Frieden auf der Erde.

Bindung an Gott wird nicht gewaltsam von außen aufgezwungen, sondern vollzieht sich in der Erleuchtung des einzelnen Lebens, wenn der Hauch des Geistes Gottes den Menschen und die vergängliche Welt berührt. Kurz gesagt, das „summum bonum" ist keine Sache, sondern ein Weitergeben aller Dinge an Gott, ein Beziehen auf ihn in all den Einzelheiten, die einen gewöhnlichen Tag ausmachen.

Geduld: Manchmal muß Liebe passiv sein, mit dem Anfang warten können. Liebe ist nicht gehetzt, aber bereit, die notwendige Arbeit zu tun und den Augenblick zu nutzen. Sie trägt das Gepräge eines stillen und ruhigen Geistes. Liebe leidet lange, erträgt alle Dinge.

Freundlichkeit: Das ist Liebe in aktiver Form. Hast du dir schon einmal klar gemacht, wieviel Zeit Christus damit verbracht hat, freundliche Dinge zu tun? Lies die Lebensgeschichte Jesu doch einmal ganz neu unter diesem Gesichtspunkt, und du wirst feststellen, daß er einen großen Teil seines Lebens damit verbrachte, andere Menschen glücklich zu machen.

Über das Glücklichsein hinaus geht das Heiligsein. Doch liegt es nicht in unserer Macht, andere heilig zu machen. Dagegen hat uns Gott die Möglichkeit gegeben, andere glücklich zu machen, und das wird zum größten Teil damit erreicht, daß wir anderen gegenüber freundlich sind.

Jemand sagte einmal: „Wir machen unserem himmlischen Vater damit die größte Freude, daß wir zu seinen Kindern freundlich sind."

Ich frage mich, warum wir dann nicht alle freundlicher zueinander sind? Wie sehr braucht die Welt die Freundlichkeit. Wie leicht ist sie vermittelt. Wie unwiderruflich wirkt sie. Wie gern erinnert man sich ihrer. Wie großmütig verzichtet sie auf Lohn. Es gibt für sie keinen Schuldner in der Welt. Liebe versagt nie.

Liebe ist Glück, Liebe ist Leben, ja, Liebe ist Kraft zum Leben.

Wo Liebe ist, ist Gott. Jeder, der in der Liebe wandelt, wandelt mit Gott. Darum ist die Liebe nicht festgelegt; sie ist ohne Berechnung und zaudert nicht. Liebe — verschwende sie an die Armen, noch mehr aber an die Reichen; sie haben es oft noch nötiger. Am freigebigsten aber verschwende sie an deinesgleichen, weil es da am schwierigsten ist. Außerdem sind wir wohl da auch am zurückhaltendsten.

Beachte aber den Unterschied zwischen gefallen wollen und Freude bereiten.

Verschenke deine Freundlichkeit. Laß keine Möglichkeit dazu aus, denn darin liegt der immerwährende, unbewußte Sieg eines wahrhaft liebenden Menschen.

„Ich werde nur einmal leben. Jede gute Tat, die ich tun kann, jede Freundlichkeit, die ich jemand erweisen kann, laßt sie mich jetzt tun! Ich möchte sie nicht versäumen und nicht umgehen. Ich werde diesen Weg niemals wieder entlangkommen", sagte einmal jemand.

Großzügigkeit: Es geht um Liebe, die nicht rechthaberisch und nicht neidisch ist. Wie sieht es aus, wenn andere Liebe üben wollen? Wenn du dir vornimmst, etwas Gutes zu tun, stellst du vielleicht fest, daß andere das gleiche tun, möglicherweise sogar besser als du. Sei nicht neidisch auf sie.

Neid ist das Gefühl eines kranken Willens denen gegenüber, die sich auf der gleichen Linie bewegen wie du. Neid ist habgierig und verleumderisch. Wie wenig schützt uns doch christliche Arbeit gegen unchristliche Gefühle!

Neid hat etwas Unwürdiges; aber auch die Seele eines Christen ist nicht vor dieser Gefahr geschützt. Sie lauert am Rande jeder christlichen Arbeit auf uns, wenn wir nicht durch die Gnade der Großzügigkeit dagegen geschützt sind. Ein großes, reiches und freigebiges Herz, das nicht neidisch ist, braucht der Christ gegen den Neid.

Demut: Nachdem du das alles schon gelernt hast, kommt das Nächste, die Demut. Lege ein Siegel auf deine Lippen, und vergiß, was du getan hast. Nachdem du freundlich gewesen bist, nachdem die Liebe durch dich in die Welt hineingeströmt ist und ihre wunderbare Arbeit getan hat, gehe wieder in den Schatten zurück und rede nicht darüber.

Liebe versteckt sich sogar vor sich selbst. Liebe verzichtet darauf, sich selbst zu befriedigen. Liebe rühmt sich nicht selbst, ist nicht aufgeblasen. Demut ist versteckte Liebe.

Anstand und Höflichkeit: Das nächste Element der Liebe nimmt einen besonderen Platz unter all den angeführten Tugenden ein. Höflichkeit, das ist Liebe in der Gesellschaft. Liebe in Verbindung zu allgemeinen Verhaltensregeln, zum Anstand. Jemand nannte die Höflichkeit „Liebe in Kleinigkeiten“. Anstand, so sagt man, ist Liebe in unscheinbaren Dingen. Das einzige Geheimnis von Anstand und Höflichkeit heißt Liebe.

Liebe kann sich nicht unanständig benehmen. Du kannst den ungebildetsten Menschen in eine hochgestellte Gesellschaft bringen, wenn er von der Liebe Gottes erfüllt ist, wird er sich nicht schlecht benehmen. Er kann es einfach nicht tun.

Carlisle sagte von Robert Burns, daß es keinen echteren Gentleman in ganz Europa gäbe als diesen pflügenden Poeten. Das kam, weil er alles liebte — die Maus und das Gänseblümchen, große und kleine Dinge, alles, was Gott gemacht hatte. Mit diesem Ausweis der Liebe führte sein Weg ohne Schwierigkeiten von seinem kleinen Haus am Ufer des Ayr in die Schlösser und Paläste Englands, in jede nur mögliche Gesellschaft.

Du kennst doch die Bedeutung des Wortes "Gentleman"? Es kennzeichnet einen sanftmütigen Mann, der die Dinge leise, ruhig und mit Liebe erledigt. Das ist sein ganzes Geheimnis. Ein Gentleman kann von Natur keine unhöflichen Dinge tun.

Auch die unfreundliche, unversöhnliche Seele kann nur das weitergeben, was in ihr ist. Liebe benimmt sich nicht unanständig oder unverträglich.

Selbstlosigkeit: Liebe sucht nicht den eigenen Vorteil. Sie sucht nicht einmal das, was ihr gehört!

In England wird der Mann auf seine Rechte hin vereidigt, und das ist auch gut so. Es kommen aber vielleicht manchmal Zeiten, in denen er auf seine privaten Rechte verzichtet, weil er ein höheres Recht ausüben muß.

Hier bei Paulus geht es nicht darum, das eigene

Recht aufzugeben. Was Liebe bedeutet, zielt viel tiefer. Liebe sucht nicht einmal das eigene Recht.

Es ist schwierig, sich selbst aufzugeben. Noch schwieriger ist es allerdings, sich überhaupt nicht selbst zu suchen.

Ich sagte, daß es viel schwieriger ist, den eigenen Vorteil überhaupt nicht erst zu suchen, als ihn gesucht zu haben und dann beiseite zu legen. Das stimmt nicht ganz. Für die Liebe ist letzten Endes nichts Bedrängnis, und nichts ist ihr zu schwer.

Ich glaube, daß Christi Last leicht ist. Unter seiner Leitung kannst du das Leben so führen, wie er es gemeint hat. Glaube mir, das ist in Wirklichkeit der leichteste Weg, den es gibt.

Die aufregendste Lehre Jesu besagt, daß es kein wahres Glück im Haben und Nehmen gibt, sondern nur im Geben. Das möchte ich noch einmal wiederholen: Freiheit und Glück liegen nicht im Haben und Nehmen beschlossen, sondern nur im Geben.

Die meisten Menschen sehen es andersherum. Sie streben nach Besitz und nach Glück und danach, daß andere sie bedienen. Jesus sagt: „Wer unter euch groß werden will, der sei euer Diener.“ Wer glücklich sein möchte, sollte sich daran erinnern, daß es nur diesen einen Weg gibt.

Gelassenheit: Liebe ist nicht gereizt. Vielleicht überrascht es uns, das hier in diesem Zusammenhang zu sehen. Wir sind gewöhnt, Unbeherrschtheit als harmlose Schwäche anzusehen. Man spricht von einem Familienfehler, einer Sache des Temperaments und nimmt sie nicht weiter ernst. Doch immer wieder entdecken wir, daß die Bibel Gereiztheit und Zorn nicht gelten läßt, sondern verurteilt.

Merkwürdigerweise wird eine solche Gemütsbewegung oft noch als Kavaliersdelikt hingestellt. Oft ist das der einzige dunkle Punkt an einem sonst tadellos erscheinenden Menschen. Wir alle kennen Männer und Frauen, die ein erfreuliches Erscheinungsbild bieten — bis auf eine ständige kleine Unruhe, eine schnelle Erregbarkeit oder Empfindlichkeit.

Dieses Zusammentreffen von krankhaften Gemütsbewegungen und moralisch hochstehender Prägung eines Menschen scheint eins der merkwürdigsten und traurigsten Probleme der Ethik zu sein.

In Wirklichkeit gibt es zwei Arten von Sünde: Sünde des Leibes und Sünde der Seele. Den verlorenen Sohn kann man als Beispiel für die erstere nehmen, den älteren Bruder für die zweite.

Im allgemeinen haben die Menschen keinen Zweifel darüber, welche Sünde schlimmer ist. Der jüngere Bruder hat es gar zu arg getrieben. Aber stimmt das? Es gibt keine Waage, mit der man Sünden gegeneinander abwägen könnte; wir tun es nur mit menschlichen Worten.

Menschen, denen weniger an äußeren Dingen liegt, lassen sich vielleicht nicht so leicht zu offenkundigen schlechten Handlungen verleiten, aber in den Augen dessen, der die Liebe ist, wiegt liebloses Verhalten unter Umständen viel schwerer.

Daß unsere Gesellschaft eine unchristliche geworden ist, erkennt man nicht so sehr am Mißbrauch von Essen und Trinken, von Geld, Drogen, Alkohol und Sexualität, sondern vielmehr an den häßlichen Gedanken und Empfindungen, von denen Herz und Geist der Menschen erfüllt sind. Wieviel verbittertes Leben gibt es, zerbrochene Ehen, gestörte Gemeinschaften und Verwandtschaftsverhältnisse, ungemütliche Heime, resignierte Männer und Frauen, unfrohe Kinder. Wie oft wird Macht auf Kosten eines anderen ausgespielt.

Sieh dir den älteren Bruder einmal genauer an. Er weiß, was sich gehört. Er ist fleißig, zuverlässig, beständig. Man kann das nur anerkennen.

Aber dann sieh dir auch an, daß er wie ein trotziges Kind draußen vor der Haustür schmollt. „Da ward er zornig", lesen wir in Lukas 15, „und wollte nicht hineingehen."

Sieh dir an, wie sein Verhalten auf den Vater, die Diener und die fröhlichen Gäste wirkt. Bedenke und urteile selbst darüber, was diese Einstellung für den verlorenen, nun heimgekehrten Sohn bedeutete.

Wie viele verlorene Söhne werden heute vom Reich Gottes nur durch die Lieblosigkeit derer ferngehalten, die behaupten, daß sie selbst dazugehören!

Warum kommt es zum Gefühlsausbruch des älteren Bruders? Warum steht die Gewitterwolke auf seiner Stirn? Neid, Ärger, Stolz, Selbstgerechtigkeit, Empfindlichkeit, Verdrießlichkeit, Grausamkeit, Verbissenheit — all das findet sich in seiner verdüsterten und lieblosen Seele.

Jedes krankhafte Gefühlsleben enthält etwas von diesen Dingen.

Entscheide selbst, ob es sich wohl lohnt, ein solches Leben zu führen, und was es für einen selbst und für andere bedeutet.

Stelle die Sünden des Leibes, die mehr ins Auge fallen, dem gegenüber. Hat Christus nicht selbst ein Urteil über das Gewicht der Sünden gefällt, als er sagte: „Die Zöllner und die Huren kommen eher ins Reich Gottes als ihr!"?

Für das Denken und Fühlen solcher „älterer Brüder" ist im Himmel wirklich kein Platz. Ein Mensch, der sich davon nicht trennen will, würde den Himmel für die anderen unausstehlich machen. Es sei denn, daß der Mensch wiedergeboren wird aus Wasser und Geist, sonst kann er nicht — er kann einfach nicht — ins Himmelreich kommen!

Erkennst du nun, warum Gefühle eine so starke Wirkung ausüben? Es geht nicht nur um diese Gefühle als solche, sondern um das, was von ihnen her offenbar wird. Darum muß ich in aller Offenheit darüber sprechen. Daran wird die fehlende Liebe erkennbar. Es handelt sich um Symptome, an denen der Untergrund einer lieblosen Natur offenbar wird, wie man an Fieberstößen das Vorhandensein einer unterschwelligen Krankheit ablesen kann.

Die häßlichen Dinge, die gelegentlich an die Oberfläche kommen, zeigen nur einiges von der Verkommenheit und Finsternis, die im Untergrund schlummern. Meist kommt es unfreiwillig dazu, daß

Hunderte geheimer Sünden, die mit der Lehre Jesu nicht übereinstimmen, irgendwo plötzlich auftauchen.

Dem Willen zur Geduld, zur Freundlichkeit, zur Großzügigkeit, zu Anstand und Selbstlosigkeit steht sofort in uns ein entgegengerichtetes Gefühl gegenüber. Daran wird erkennbar, daß es nicht genügt, in der Welt unserer Gefühle hängenzubleiben. Wir müssen tiefer ansetzen; unsere innerste Natur muß verändert werden, dann wird das Böse in uns seine entscheidende Antriebskraft verlieren.

Ein Menschenherz wird nicht dadurch liebevoll, daß man es vor schlechten Einflüssen abschirmt oder das in ihm erkennbare Schlechte zu verdrängen versucht. Es wird nur dadurch verändert, daß etwas anderes hineingelangt: eine große Liebe, ein neuer Geist, der Geist Jesu Christi. Wenn dieser Geist in uns eindringt, verwandelt er uns, reinigt uns und macht uns liebevoll. Nur er kann das Böse in uns überwinden und eine bis ins tiefste gehende Veränderung in uns hervorrufen. Nur er kann uns erneuern, das Zerstörte wiederherstellen, den ganzen Menschen auf eine neue Grundlage stellen und ihm einen neuen Anfang geben.

Die Kraft des eigenen Willens kann den Menschen nicht ändern; die Zeit ändert ihn auch nicht. Christus aber tut es, wenn wir ihn darum bitten. Darum laß die Gesinnung in dir regieren, welche auch in Jesus Christus war!

Manche denken, daß sie noch viel Zeit haben, um

eine Entscheidung in dieser Frage zu treffen. Denke daran, daß es sich hierbei um eine Entscheidung über Leben und Tod handelt. Ich muß das einmal sehr eindringlich hier feststellen. Jesus sagt: „Wer aber einem von diesen Kleinen, die an mich glauben, Ärgernis gibt, für den wäre es besser, daß ein Mühlstein an seinen Hals gehängt und er in die Tiefe des Meeres versenkt würde“ (Matthäus 18,6). Das heißt, daß es besser ist, überhaupt nicht zu leben, als ohne Liebe zu leben.

Über *Arglosigkeit* und *Aufrichtigkeit* brauchen wir nicht viele Worte zu verlieren. Wer arglos sein kann, wer dem andern das Böse nicht anzukreiden braucht, hat ein wundervolles Geschenk der Gnade Gottes erhalten.

Dieses Geschenk schließt auch das Geheimnis des persönlichen Einflusses auf andere ein. Wenn man darüber einmal nachdenkt, kommt man selbst zu der Feststellung, daß die Menschen den größten Einfluß auf uns ausüben, die uns Glauben schenken, die uns vertrauen. In einer Atmosphäre des Mißtrauens verkriecht sich der Mensch in sich selbst; Vertrauen aber macht ihn innerlich frei und schenkt ihm Mut und fruchtbare Freundschaften.

Es mutet wie ein Wunder an, wenn man in dieser lieblosen Welt ab und zu auf Menschen stößt, die nicht von vornherein mit Bösem rechnen. Aber in einer geistlich orientierten Welt ist das möglich. Liebe bleibt in Gedanken nicht am Bösen hängen, schreibt anderen keine bösen Beweggründe zu, sieht die guten

Seiten am anderen und wendet alle Dinge so, daß das Beste daraus wird.

Wieviel Freude entsteht dort, wo man so lebt! Welcher Antrieb und welcher Segen entstehen in einer solchen Atmosphäre!

Vertrauen kann andere vor einem Abgrund retten, in den sie sonst hineinstürzten.

Wenn wir versuchen, auf andere Einfluß zu nehmen oder sie für eine Sache in Bewegung zu setzen, wird uns sehr schnell der Zusammenhang zwischen dem Vertrauen, das wir ihnen entgegenbringen, ihrem Vertrauen uns gegenüber und dem Erfolg unseres Anliegens aufgehen. Wenn ein Mensch das Vertrauen zu sich selbst verloren hat, ist oft das Vertrauen, das wir ihm entgegenbringen, der erste Schritt, um sein Selbstvertrauen wiederzugewinnen. Unsere schöpferische Vision von dem, was er ist, weckt in ihm eine Hoffnung und ein Bild von dem, was er werden könnte.

„Die Liebe freut sich nicht über die Ungerechtigkeit, sie freut sich aber der Wahrheit."

Wer die Wahrheit liebt, liebt auch den Menschen. Und wer liebt, der wird sich an der Wahrheit freuen, nicht an dem, was er gelehrt wurde — es sei denn, er wurde in der Wahrheit gelehrt —, nicht an dieser oder jener Kirchenlehre, nicht an dieser oder jener Theorie, sondern an der Wahrheit.

Wer liebt, wird nur die Wirklichkeit anerkennen. Er wird sich nach den Tatsachen richten. Er wird mit demütigem und unbeeinflußtem Sinn immer versuchen, die Wahrheit herauszufinden. Und wenn er sie gefunden hat, wird er sie um jeden Preis verteidigen.

Ich habe in diesem Zusammenhang statt „Wahrheit" den Begriff der Aufrichtigkeit gewählt. Es geht um jene tiefe Aufrichtigkeit, die die Dinge sehen will, wie sie wirklich sind, und die sich freut, wenn sie nicht schlimmer und schlechter sind, wie manche geargwöhnt oder verleumderisch unterstellt haben, sondern gut und erfreulich.

Vielleicht geht es sogar soweit, daß man Selbstzurückhaltung übt, um aus den Fehlern der anderen kein Kapital zu schlagen. Es geht um die Liebe, die nicht am Hervorholen der Fehler der anderen ihre Freude hat, sondern diese zudeckt.

Soviel über das Wesen der Liebe. Nun ist es unsere Lebensaufgabe, unser Handeln und Sein von dieser Liebe durchdringen zu lassen. Dazu sind wir in dieser Welt berufen: lieben zu lernen. Sind die Möglichkeiten, die uns das Leben dazu bietet, nicht unbegrenzt?

Jeder von uns, ob Mann oder Frau, hat jeden Tag viele Gelegenheiten dazu. Die Welt ist für uns Menschen kein Spielzimmer, sondern eine Schule. Das Leben besteht nicht aus lauter Ferien, sondern es ist eine Ausbildungszeit. Und das einzige große Ziel heißt: Wie kann ich mehr lieben?

Wie wird einer ein guter Fußballer? Durch Übung! Wie wird einer ein guter Maler? Durch Übung! Was macht einen Mann zu einem guten Sprachwissenschaftler? Übung! Was macht einen Menschen zu einem liebenden Menschen? Übung! Nichts anderes.

Es geht dabei nicht um Gefühlsaufwallungen. Der Mensch wird nicht auf irgendeine Weise manipuliert.

Wenn ein Mann seinen Arm nicht gebraucht, verlieren seine Armmuskeln an Kraft. Wenn er seine Seele nicht im Lieben übt, wird er nicht dazu fähig, gewinnt keine Kraft zum Durchhalten, kommt nicht zur Entfaltung der ihm von Gott zugewiesenen Möglichkeiten, bietet kein erfreuliches Bild geistlichen Wachstums.

Darum noch einmal: Liebe ist nicht Sache eines starken Gefühls. Sie ist ein reicher, starker, kraftspendender Ausdruck der Prägung eines Lebens durch Christus. Die Christusähnlichkeit in ihrer vollen Entfaltung. Und das wird nur durch ständige Übung erreicht.

Wie wurde Jesus ein Zimmermann? Dadurch, daß er sich in diesem Handwerk übte. Obwohl er doch vollkommen war, lesen wir von ihm, daß er „Gehorsam lernte“ und an Weisheit und Verstand in Übereinstimmung mit Gott „zunahm“.

Schimpfe also nicht über die Last deines Lebens! Bleibe nicht in endlosen Sorgen hängen, an der unfreundlichen Umgebung, an den Schikanen, die du ertragen mußt, an den nach deiner Meinung kleinkarierten und engstirnigen Menschen, mit denen du zusammen leben und arbeiten mußt.

Vor allem ärgere dich nicht über Anfechtungen und Versuchungen, und wundere dich nicht, wenn sie dich scharenweise überfallen und weder durch eigene Anstrengung noch durch schmerzliche Auflehnung noch durch Gebet weichen. Das gehört zu deiner Schule. Das ist der Lehrplan, den Gott für dich ausgesucht hat, und er muß durchgeführt werden, bis deine Geduld, deine Demut, deine Großmütigkeit, deine Selbstlosigkeit, deine Freundlichkeit und Höflichkeit vollkommen geworden sind.

Hindere die Hand nicht bei der Arbeit, die das noch nicht recht sichtbare Ebenbild Gottes in dir formen will. Es gewinnt ganz allmählich Gestalt und nimmt an Schönheit zu, auch wenn du selbst es nicht merkst. Jedes Überwinden von Anfechtungen trägt etwas zu seiner Vollendung bei.

Darum bleibe in der Mitte des Lebens. Verkrieche dich nicht in einen Winkel. Bleibe mitten unter den Menschen, Dingen, Schwierigkeiten, Widerwärtigkeiten und Hemmnissen.

Talente entfalten sich in der Einsamkeit — das Talent des Betens, des Vertrauens, des Nachdenkens, der schöpferischen Schau. Die Persönlichkeit aber wächst im Strudel weltlichen Lebens. Das ist vor allem der Ort, wo Liebe geübt und gelernt wird.

Wie geht das vor sich? Um das anschaulicher zu machen, habe ich die Auswirkungen der Liebe beschrieben und sie mit Namen genannt. Aber das sind nur einzelne Elemente. Liebe selbst kann man nicht in Worte fassen. Licht ist auch mehr als die Summe seiner Strahlen, ein glühender, gleißender, schimmernder Äther.

Liebe ist auch mehr als alle ihre aufgezählten Bestandteile — ein pulsierendes, bebendes, empfindsames, lebendes Etwas.

Wenn der Mensch alle Regenbogenfarben zusammenmischt, kann er weiße Farbe herstellen; davon hat er aber noch kein Licht. Wenn man alle guten Eigenschaften des Menschen an einer Stelle aufhäufen könnte, würde man vielleicht eine hochstehende Ethik hervorbringen, aber Liebe entsteht so nicht.

Wie können wir denn nun dieses ganz neue Leben voll Liebe in unsere Seele einpflanzen?

Wir versuchen es über unseren Willen, wir versuchen es mit Vorbildern, wir stellen Gesetze und Regeln darüber auf, wir wachen und beten darum. Aber all das bringt keine Liebe in unser Herz und Leben. Liebe wächst von innen und nur, wenn die Kraft des Heiligen Geistes in uns zur Auswirkung kommt.

Soll ich dir sagen, in welcher Richtung sich das vollzieht?

Wenn du den ersten Johannesbrief aufschlägst, findest du dort den Vers: „Wir lieben, weil er uns zuerst geliebt hat." „Wir lieben", nicht „wir lieben *ihn*". Die alte Übersetzung sagt zwar „wir lieben ihn", aber das trifft nicht den Kern.

„Wir lieben, weil er uns zuerst geliebt hat." Schau auf das Wort „weil". Das ist der Weg, den ich meine, die Richtung, von der ich gesprochen habe.

„. . . weil er uns zuerst geliebt hat." Die Auswirkung

davon ist, daß wir lieben. Wenn uns seine Liebe begegnet, wenn wir recht begreifen, was das heißt — und das ist ein Geschenk, das uns nur durch den Heiligen Geist vermittelt wird —, dann lieben wir ihn, dann lieben wir alle Menschen. Wir können uns dem dann gar nicht mehr entziehen. Unser Herz verändert sich dann allmählich. Wir können jeden Menschen lieben.

Sieh dir die Liebe Christi an. Nimm sie in dich auf, und du wirst leben. Stell dich vor den Spiegel, in dem das Wesen Jesu reflektiert wird, und dieses Bild wird dich erfassen und in sein Ebenbild verwandeln.

Du kannst das nicht mit Gewalt erreichen. Du kannst nur die liebenswerte Person Jesu anschauen, ihn liebgewinnen und in sein Bild verwandelt werden (2. Korinther 3,18).

Schau auf das vollkommene Leben Jesu, auf seinen vollkommenen Charakter. Schau auf das große Opfer seines Lebens, das er uns zur Zeit seines Erdendaseins und vor allem am Kreuz von Golgatha dargebracht hat. Dann wirst du ihn lieben.

Und wenn du ihn liebst, wirst du ihm ähnlich werden. Liebe erzeugt Liebe. Es ist ein Prozeß. Schließe ein Stück Eisen an den elektrischen Strom an, und es wird für einige Zeit elektrisch aufgeladen sein. Es wird vorübergehend in einen Magneten verwandelt, nur weil es neben einem wirklichen Magneten liegt. Solange man die beiden beieinander läßt, sind sie sich gleich. Bleibe in der Gegenwart Jesu, der uns liebte und sein Leben für uns gab, und du gleichst einem tatsächlichen Magneten und übst wirklich eine anziehende Kraft aus. Die Menschen werden dich suchen, und du wirst die Menschen suchen.

Das ist die unwiderstehliche Auswirkung der Liebe. Jeder, der diesen Weg geht, wird das erleben.

Gib die Vorstellung auf, daß der Glaube nur ab und zu in unserem Leben sichtbare Ergebnisse zutage fördert oder mit besonderen Geheimnissen verknüpft oder von außergewöhnlichen Gefühlen begleitet sein müßte. Die Verbindung zu Gott wird durch die übernatürliche, von Gott geschenkte Wirkung des Heiligen Geistes hergestellt und vollzieht sich innerhalb der ganz natürlichen, alltäglichen Gesetze und Abläufe unseres Lebens.

Edward Irving besuchte einmal einen sehr kranken Jungen. Nachdem er das Zimmer betreten hatte, legte er dem Kranken die Hand auf den Kopf und sagte: „Mein Junge, Gott liebt dich!" Dann ging er wieder hinaus.

Der Junge sprang aus dem Bett und rief laut durchs Haus: „Gott liebt mich! Gott liebt mich!"

Es war nur ein Satz. Aber der erschütterte den Jungen. Das Wissen, daß Gott ihn liebte, überwältigte ihn und ließ etwas Neues in ihm aufbrechen.

So berührt die Liebe Gottes das Herz des Menschen, daß sein eigenes unliebenswürdiges Herz zerschmilzt und in ihm ein neues Wesen geboren wird, das geduldig, demütig, freundlich und selbstlos ist. Einen anderen Weg gibt es nicht.

Da ist gar nichts Geheimnisvolles dabei. Wir können andere lieben, wir können jeden lieben, weil Gott uns zuerst geliebt hat.

WARUM DER LIEBE EINE SOLCHE BEDEUTUNG ZUKOMMT

Nun möchte ich noch etwas dazu sagen, warum Paulus die Liebe so besonders heraushebt: Sie hört niemals auf! Liebe, so sagt Paulus, versagt nie, hört niemals auf.

Dann überblickt er noch einmal die bedeutenden Dinge des Lebens, die von den Menschen damals hoch geachtet wurden, und von denen sie glaubten, daß ihr Wert niemals in Frage gestellt werden könnte. Und dann zeigt er auf, wie sie doch alle miteinander vergehen, sich in nichts auflösen und aus dem Blickfeld verschwinden.

„. . .wo doch die Prophezeiungen ein Ende haben werden.“ In den Tagen des Paulus kannten die jüdischen Mütter kein höheres Ziel, als daß einer ihrer Söhne ein Prophet wurde. Einige Jahrhunderte lang hatte Gott nun schon nicht mehr durch den Mund eines Propheten gesprochen, und ein Prophet galt zu dieser Zeit mehr als ein König.

Die Menschen warteten sehnsüchtig darauf, daß ein neuer Botschafter Gottes erschiene, und wenn ein Mensch auftauchte, von dem man annahm, er könne ein Prophet sein, hingen sie an seinen Lippen, als ob sie die Stimme Gottes selbst hören könnten.

Paulus sagt nun, daß die Prophezeiungen ein Ende haben werden.

Die Bibel ist voller Weissagungen. Eine nach der anderen ist vergangen, das heißt, sie wurden erfüllt. Das Werk ist getan; sie haben ihre Bedeutung in der Welt verloren — außer daß sie den Menschen, die nach Gott fragen und sich ihm hingeben wollen, den Glauben stärken können, wenn sie das Handeln Gottes in der Geschichte verfolgen.

Dann spricht Paulus vom Zungenreden. Auch das war eine sehr begehrte Gabe des Geistes Gottes. Wir wissen, daß sie seit langem nahezu unbekannt geworden ist, auch in christlichen Gemeinden.

Man mag verschieden darüber denken, aber auch wenn wir nur einmal über das Auftauchen und Verschwinden der Sprachen im allgemeinen Sinn nachdenken, merken wir ja etwas von diesem „Vergehen".

Dieses Kapitel im Brief an die Korinther wurde in Griechisch geschrieben. Heute spricht in dieser Weise niemand mehr diese Sprache. Oder wenn wir ans Lateinische denken, die weitverbreitete Sprache des beherrschenden Reiches jener Tage — sie lebt nur noch als Kirchensprache oder in Büchern; als Umgangssprache ist sie vergangen.

Schau auf andere Sprachen früherer Zeiten. Sie sind vergangen, und manche sterben vor unseren Augen und Ohren dahin.

Dann sagt Paulus, daß sogar die Erkenntnis aufgehoben werden soll.

Wo sind die Weisheiten und Erkenntnisse des Altertums? Sie sind zum großen Teil überholt. Ein Naturwissenschaftler von heute weiß mehr, als Isaak Newton wußte; dessen Erkenntnisse sind überholt. Die Zeitung von gestern liegt heute im Papierkorb, ihr Inhalt bedeutet nichts mehr. Für ein paar Mark kann man die großen Enzyklopädien kaufen; ihre Weisheit ist veraltet. Pferdewagen wurden durch Eisenbahn, Auto und Flugzeug ersetzt. Die Elektrizität hat viele andere Dinge beiseite geschoben.

In mancher Werkstatt findet man irgendwo im Hinterhof altes Eisen, Räder, Hebelstangen, Kräne. Sie sind zerbrochen und vom Rost angefressen. Zwanzig Jahre vorher erfüllten sie vielleicht durchaus noch ihren Zweck, und Menschen freuten sich über ihre moderne und sinnvolle Einrichtung.

Alle Wissenschaft und Philosophie unserer Tage wird einmal alt sein und vergehen.

Als ich noch die Universität besuchte, war James Simpson, der Erfinder des Chloroforms, einer der angesehensten Männer. Vor kurzem wurde sein Neffe vom Bibliothekar der Universität aufgefordert, seine Bücher über Geburtshilfe aus der Bibliothek herauszunehmen, da sie nicht mehr länger benötigt würden. Daraufhin antwortete er nur: „Nehmen Sie jedes Buch, das älter als zehn Jahre ist, heraus, und bringen Sie es in den Keller!“

Noch wenige Jahre vorher war James Simpson eine bekannte Persönlichkeit gewesen, die von Menschen aus aller Welt aufgesucht und konsultiert wurde, und heute sind seine Erkenntnisse von neueren beiseite geschoben worden.

Das gleiche kann man in allen anderen Zweigen der Wissenschaft beobachten: „Denn wir erkennen stückweise. . . Wir sehen jetzt durch einen Spiegel. . .“ Weisheit ist nichts Ewiges!

Kannst du mir irgend etwas nennen, das dauernden Bestand hat? Vieles, was uns heute erfüllt, hat Paulus gar nicht erwähnt. Er sprach nicht von Geld, von Glück und Ehre. Er griff die Dinge heraus, die zu seiner Zeit die größte Rolle spielten, die Dinge, die von ernsthaften Menschen als wertvollstes Gut angesehen wurden, und schob sie alle beiseite.

Damit sagte er nichts gegen diese Dinge an sich, er sagte nur: Sie gehen vorbei!

Es waren große Dinge, aber nicht das Allergrößte im Leben. Das Größte ist etwas Umfassenderes, etwas Tiefergehendes.

Was wir in unserem tiefsten Kern sind, reicht tiefer als das, was wir tun, und weiter als alles, was wir besitzen.

Vieles, was Menschen als Sünde bezeichnen, sind im Licht Gottes gar keine Sünden, sondern Notlösungen (Ährenausraufen am Sabbat, David und die Schaubrote). Diese Aussage findet man im Neuen Testament mehrmals.

Johannes sagt von dieser Welt nicht, daß sie grundsätzlich böse ist, sondern nur, daß sie *vergeht.*

Es gibt vieles in der Welt, was schön und anziehend und bereichernd ist, aber das alles bleibt nicht. Das, woran sich unsere Augen erfreuen, was unser Körper als angenehm empfindet und was unserem Leben in unseren Augen und den Augen anderer Menschen Bedeutung verleiht, währt nur eine kleine Weile. Darum „habt nicht lieb die Welt, noch was in der Welt ist“ (1. Johannes 2,15). Nichts davon wiegt den Wert einer unvergänglichen Seele auf.

Der Teil des Menschen, der unsterblich ist, muß sich auch mit unsterblichen Dingen beschäftigen und sich an sie hingeben. Und das einzig Unvergängliche ist nach der Aussage des Paulus in diesem Kapitel Glaube, Hoffnung und Liebe. „Die größte aber von diesen ist die Liebe.“

Manche denken zwar, daß auch Glaube und Hoffnung zu Ende gehen — Glaube löst sich auf im Schauen und Hoffnung in der Erfüllung. Aber davon sagt Paulus nichts.

Wir wissen nicht viel über das Leben, das noch kommen soll, aber eins ist gewiß: daß die Liebe ewig währt, weil Gott, der ewige Gott, die Liebe ist.

Darum suche nach dieser ewigen Gabe, die durch nichts angetastet werden kann, nach dem einzigen Wert, der in allem und über alles seinen Wert behalten wird, wenn einmal alle Prioritäten aller Völker und Zeiten ihre Gültigkeit verloren haben.

Du gibst dich so vielen Dingen hin. Übergib dich zuallererst der Liebe. Überlege dir, wofür es sich wirklich zu leben lohnt, und laß dein Leben seine Prägung durch die Liebe gewinnen!

Die Liebe währt ewig. Immer wieder verbindet

Johannes die Liebe und den Glauben, das heißt das Vertrauen zu Gott, mit dem ewigen Leben.

Als ich als Junge mit dem Evangelium in Berührung kam, hatte man mich nicht mit dem Wort vertraut gemacht: „Denn Gott hat die Welt so geliebt, daß er seinen eingeborenen Sohn gab, damit jeder, der an ihn glaubt, nicht verloren gehe, sondern ewiges Leben habe.“ Man sagte mir statt dessen, daß Gott die Welt liebe, und wenn ich ihm vertraute, bekäme ich einen gewissen Frieden und Freude und Sicherheit. Ich mußte es allein entdecken, daß alle, die an ihn glauben — Glaube ist ja nur der Weg zur Liebe —, ewiges Leben haben.

Das Evangelium bietet dem Menschen ein Leben an, das ewig währt. Gib den Menschen nicht einen Fingerhut voll Evangelium. Versuche nicht, den Menschen einfach nur für jetzt ein bißchen Freude, Friede, Ruhe oder Sicherheit anzubieten. Erzähle ihnen lieber, daß Christus gekommen ist, um ihnen eine unbegrenzte Erfüllung zu geben, ein Leben der Liebe und der vollständigen Erlösung und Befreiung für sich selbst und zum Weitergeben an die ganze Welt.

Nur aus dieser Sicht heraus wird das Evangelium den ganzen Menschen erfassen: Leib, Seele und Geist. Jeder Lebensbereich wird zum Übungsfeld der Liebe und wird seine eigenen Früchte ernten.

So, wie das Evangelium heute verkündigt wird, ist es manchmal nur an einen Teil des Menschen adressiert. Man bietet Frieden statt Leben, Glauben statt Liebe und Rechtfertigung statt Erneuerung. Einen solchen Glauben verlieren die Menschen dann nach einiger Zeit wieder, weil sie nicht in ihrem ganzen Sein davon erfaßt und gehalten werden. Die tiefe Lebensfreude, die durch die Liebe in ihr Leben hineinkommen könnte, haben sie noch nicht erfahren.

Völlig lieben heißt, in vollen Zügen leben; und für immer lieben heißt, für immer leben. Somit ist das ewige Leben untrennbar mit der Liebe verbunden.

Wir möchten gern ewig leben, aber der Grund dafür ist kein anderer als der Antrieb, aus dem heraus wir heute und morgen leben möchten: Wir sehnen uns nach jemand, der uns liebt, den wir sehen möchten, mit dem wir zusammen sein möchten und den wir ebenfalls lieben können. Wir möchten lieben und geliebt werden.

Wenn die Liebe aus unserem Leben völlig verschwunden ist, liegt die Gefahr nahe, das Leben wegzuwerfen. Jeder Antrieb ist verlorengegangen. Manchmal ist nichts mehr übriggeblieben als die Liebe zu einem Hund, die als letzter dünner Faden den Lebensmut aufrecht erhält.

Ewiges Leben bedeutet Gott kennen und lieben. Das ist Jesu Aussage. Lies es selbst nach und lerne diese Liebe kennen. „Das ist aber das ewige Leben, daß sie dich, den allein wahren Gott, und den du gesandt hast, Jesus Christus, erkennen“ (Johannes 17,3). Gott ist Liebe, und Liebe ist ewig. Somit heißt das letzte Wort: Liebe ist Leben.

Liebe hört niemals auf, und Leben hört niemals auf, solange Liebe darin enthalten ist. Das ist der letzte Sinn dessen, was Paulus hier aufgezeigt hat. Das ist der Grund, warum er die Liebe als das Größte im Leben hinstellt.

Liebe soll jetzt, heute, in unserem Leben zur Wirkung kommen. Sie ist nicht etwas, worauf wir noch warten müssen, das wir erst später bekämen, wenn unser Leben zu Ende geht. Wir werden später gar keine Gelegenheit mehr haben, diese Liebe zu empfangen, wenn wir jetzt nicht darin leben.

Einem Menschen kann gar nichts Schlimmeres passieren, als daß er ungeliebt und ohne eigene Liebe lebt und alt wird.

Verlorensein heißt, in einer nicht erneuerten Lebensform zu existieren, ohne diese umfassende Liebe, die nimmt und gibt.

Errettetsein heißt, lieben können; und wer „in der Liebe wandelt", der wandelt schon mit Gott; denn Gott ist Liebe.

Wer wohl dieses Kapitel in den nächsten drei Monaten jede Woche einmal gründlich lesen möchte? Ein Mann tat es einmal, und dann veränderte sich sein ganzes Leben.

Es geht um das Größte in der Welt. Du könntest dieses Kapitel am Anfang jeden Tag lesen, besonders die Verse, die auf den Umgang mit anderen abzielen: „Die Liebe ist langmütig und gütig, die Liebe beneidet nicht, sie prahlt nicht, sie bläht sich nicht auf." Laß das zum Bestandteil deines Lebens werden. Dann reicht